OCÉANO ÁRTICO
ARCTIC OCEAN

EUROPA
EUROPE

ASIA
ASIA

OCÉANO PACÍFICO
PACIFIC OCEAN

AFRICA
AFRICA

OCÉANO ÍNDICO
INDIAN OCEAN

AUSTRALIA
AUSTRALIA

Un Paseo por el Bosque Lluvioso

A Walk in the Rainforest

Escrito e ilustrado por
Kristin Joy Pratt

Traducido por Clarita Kohen

DEDICATORIA

Al bosque—para que siempre esté con nosotros—
y a los niños quienes están aprendiendo a amarlo.

Deseamos expresar nuestro sincero agradecimiento a las amables personas que desinteresadamente ofrecieron su tiempo y su tiempo y su experiencia para ayudar a traducir este libro. Margaret Gandía, del Programa de Conservación y Desarrollo del Trópico, de la Universidad de Florida, investigó algunos términos específicos. Ree Scheck y Guillermo Vargas, de la Asociación Conservacionista de Monteverde en Costa Rica, Ana María Ford, del Smithsonian Tropical Research Institute en Panamá, Ana Puyol de Ecociencia en Ecuador, Vivan Vignaroli de GEA: Grupo de Educadores Ambientalistas en Argentina, Diana Penick y Sandy Ross de los Estados Unidos, revisaron el texto y ofrecieron valiosas sugerencias y Consuelo Kutter y Luis Humberto de León junto con Carolyn Boyd ofrecieron sugerencias valiosas para la primera edición.

We would like to express our sincerest thanks to the kind people who offered their time and expertise to help make this book. Margaret Gandía from the Tropical Conservation Program at the University of Florida researched specific terms. Ree Sheck and Guillermo Vargas from the Monteverde Conservation League in Costa Rica, Ana María Ford from the Smithsonian Tropical Research Institute in Panama, Ana Puyol from Econciencia in Ecuador, Vivian Vignaroli from GEA: Group of Environmental Educators in Argentina, and Diana Penick and Sandy Ross from the United States, and Consuelo Kutter, Luis Humbert De León and especially Carolyn Boyd offered valuable suggestions for the first edition.

Published by DAWN Publications
P.O.BOX 2010,Nevada City, CA 95959
(800) 545-7475

Library of Congress Cataloging-in-Publication Data
Pratt, Kristin Joy.
[A Walk in the Rainforest. Spanish and English]
Un Paseo por el Bosque Lluvioso = A Walk in the Rainforest /
escrito e ilustrado por Kristin Joy Pratt ; [traducción por Clara Kohen].—
Nevada City, CA : Dawn Publications, c1993.
31p. : col.ill., col. map ; 31 cm.
In Spanish and English.
ISBN 1-883220-02-5: $7.95
1. Rainforest ecology—Juvenile literature. 2. Rainforests fauna—Juvenile literature.
3. Rainforest plants—Juvenile literature. 4. Endangered species—Juvenile literature. 5. Rainforest animals.
6. Rainforest plants. 7. Rainforest ecology. 8. Ecology. 9. Endangered species. 10. Alphabet.   I Title.
QH541.5.P73   1993   574.5'2642

Printed in Hong Kong

12 11 10 9 8 7 6 5 4

Designed by LeeAnn Brook
Type style is Berkeley

INTRODUCCIÓN

Los bosques lluviosos rodean nuestro planeta veinte grados de latitud a ambos lados del ecuador. Son como un hermoso cinturón verde que luce la madre Tierra. Cada uno de los millones de animales y plantas que habitan estas selvas es como una joya, haciendo que el cinturón sea más valioso aún.

¡La variedad de plantas y la vida silvestre que se encuentra en los bosques lluviosos es maravillosa! Allí habita más de la mitad de todas las especies de plantas y animales del mundo. Algunas solamente se encuentran en el bosque lluvioso y no pueden vivir en ninguna otra parte. En un acre (media hectárea) pueden crecer hasta más de doscientos tipos diferentes de árboles. Un árbol puede ser el hogar de cincuenta especies de hormigas y diez mil otras clases de insectos, arañas y ácaros. Los científicos llaman a esta variedad, "biodiversidad".

Cada uno de estos animales y plantas necesita de otros para ayudarles a sobrevivir. Por ejemplo, en una bromelia viven gusanos, ranas, moscas, tijeretas, escorpiones, arañas y muchos otros. Esta necesidad mutua es llamada "interdependencia".

Desgraciadamente, la mitad de los bosques lluviosos del mundo ya están destruídos. A la velocidad que se lleva a cabo esta destrucción, se perderá otra cuarta parte para el año 2000. Cada minuto se cortan cien acres (cuarenta hectáreas) de bosques lluviosos alrededor del mundo. Cuando ésto sucede, los árboles son cortados para llevarse la madera, algunas personas tratan de criar ganado, otras siembran cosechas muy pobres a causa del suelo. Una vez que se tala el bosque lluvioso, se rompe la red de interdependencia. Miles de especies quedan condenadas a la extinción. Sin la protección del bosque, las lluvias desgastan la tierra desprotegida.

Para poder preservar la gran cantidad de plantas y animales del bosque lluvioso, debemos proteger su medio ambiente. Es nuestra obligación salvar lo que queda del enjoyado cinturón del bosque lluvioso, porque es una parte necesaria y valiosa de nuestro hermoso planeta. Y mientras trabajamos para proteger y preservar el bosque lluvioso, estamos promoviendo al mismo tiempo, la supervivencia de todas las especies vivientes de la tierra.

"No hagan daño a la tierra, ni al mar, ni a los árboles."
—Apocalipsis 7:3

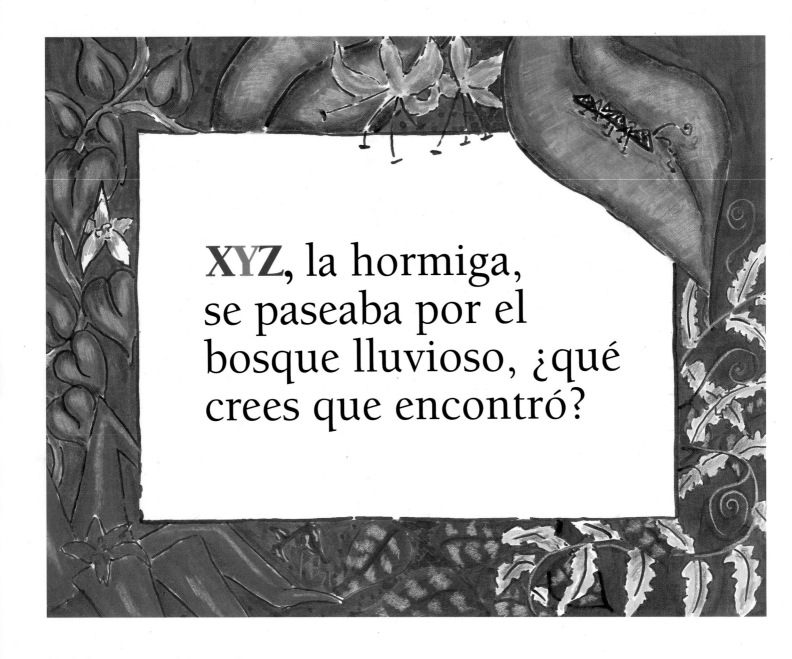

XYZ, la hormiga, se paseaba por el bosque lluvioso, ¿qué crees que encontró?

He saw an amazing **Anteater** with a long tongue carrying her baby on her back,

¡Encontró un asombroso **Oso hormiguero**, con una lengua larguísima, cargando a su bebé sobre sus espaldas!

En general, los osos hormigueros son nómadas. Vagan por las selvas de Centro y Sudamérica buscando hormigas y termitas. Para ellos sería muy difícil comer alguna otra cosa, ya que carecen completamente de dientes. Los osos hormigueros utilizan sus filosas y poderosas garras para rasgar los nidos de las termitas y los hormigueros. Luego, utilizan su lengua larga y pegajosa para devorar los insectos que encuentran. La mayoría de los osos hormigueros vive encima de los árboles. Solamente el oso hormiguero gigante vive en el suelo del bosque y debe caminar sobre los nudillos de sus patas delanteras para evitar que sus garras pierdan el filo.

Anteaters are normally nomadic. They roam the jungles of Central and South America in search of ants and termites. It would be difficult for anteaters to eat much of anything else because they are completely toothless. Anteaters use their sharp, powerful claws to rip into termite nests and ant burrows. Then they use their long, sticky tongues to lick up the insects they find. Most anteaters live up in the trees. Only the giant anteater lives on the forest floor. He must walk on the knuckles of his front feet to keep his claws from being dulled.

Bromeliads grow on trees and on the forest floor. Every time it rains, tiny puddles collect inside the plant's radiant red center. When the temperature in the rainforest gets very warm, the center of the plant closes to save the precious water. Some frogs have discovered that these puddles are quite safe places to raise their young! Fortunately for the frogs, more than two thousand different kinds of bromeliads thrive in Central and South America.

una bellísima **Bromelia** con el centro rojo brillante,

Las bromelias crecen en los árboles y en el suelo del bosque. Cada vez que llueve, se forman unos charquitos en el centro rojo y brillante de la planta. Cuando la temperatura del bosque sube mucho, el centro de la planta se cierra para conservar la tan preciada agua. Algunas ranas han descubierto que estos charquitos son lugares muy seguros para sus crías. Las ranas son muy afortunadas ya que más de dos mil clases de bromelias crecen rozagantes en Centro y Sudamérica.

a beautiful Bromeliad with a bright red center,

a comely Cock-of-the-Rock
with a golden crown,

un garboso **Gallito de roca** con cresta dorada,

El gallito de roca, del tamaño de una paloma, se encuentra solamente al norte de los bosques lluviosos de Sudamérica. A pesar de no pertenecer a las gallináceas, se le llama gallito por el parecido que tiene el macho con el gallo. El nombre "roca" se debe a la hembra quien sólo anida entre las peñas de las selvas vírgenes. Dada su manera tan extraña de anidar, estos pájaros son muy poco comunes.

The pigeon-sized cock-of-the-rock is found only in northern sections of the South American rainforests. Although unrelated to the chicken, he is called a cock because of the male's rooster-like appearance. The "rock" part of the name was contributed by the female. She only nests on large boulders within undisturbed rainforest. Because of such odd nesting habits, these bright birds are very rare.

a dazzling **Dragonfly** resting on an orchid,

Dragonflies, with a wingspan of up to seven inches, are among the largest insects living on earth. From their earliest stages, they are predators. Dragonflies eat fish larvae and all sorts of bugs, including mosquitoes. Their excellent vision helps them most when hunting. Dragonflies can detect movement up to forty feet away. We don't know of any insects that have become extinct because of man. However, destruction of the dragonfly's habitat by man's pollution, drainage, and filling in of ponds is a serious threat to these striking insects.

una deslumbrante **Libélula** reposando sobre una orquídea,

Las libélulas, con unas alas de hasta siete pulgadas (18 centímetros) de largo, son unos de los insectos más grandes sobre la Tierra. Son insectos depredadores desde sus etapas más primitivas. La libélula come larva de pescado y toda clase de insectos, incluyendo a los mosquitos. Su vista aguda le es muy útil para cazar. Las libélulas pueden detectar movimiento a una distancia de hasta cuarenta pies (12 metros). Desconocemos insectos que hayan desaparecido a causa del hombre. Sin embargo, la destrucción del hábitat de la libélula a causa de la contaminación, el desecamiento, y el rellenado de las lagunas por parte del hombre, representan una terrible amenaza para estos extraordinarios insectos.

una elegante **Boa esmeralda**
deslizándose por una rama,

La boa esmeralda se encuentra solamente en Sudamérica y se adapta a las mil maravillas a su ambiente forestal. Mientras espera entre las ramas por su próxima presa, va simulando ser una larga y fina enredadera. Esta cazadora camuflada del dosel del bosque, es principalmente una depredadora de ranas arbóreas pero más de una vez se avalanza sigilosamente sobre una iguana para devorarla. La cola prensil de la boa le sirve de mano, como la de los monos. Cuando descansa, la boa esmeralda se enrosca alrededor de las ramas con la ayuda de su diestra cola.

The emerald tree boa is found only in South America. He is ideally suited for his forest environment. While waiting in the branches for his next meal, he looks like a long, slender vine. This camouflaged canopy hunter is primarily a predator of tree frogs, but he will sometimes try to sneak up on and devour an iguana. Like a monkey's tail, the prehensile tail of the boa acts as a hand. With the help of his handy tail, the emerald tree boa coils around branches when resting.

an elegant **Emerald Tree Boa**
slithering down a branch,

Ferns are found in every rainforest. There are over seven hundred different species of ferns. The Malaysian tree fern is one of the tallest. It can grow to be fifty feet tall. Most ferns grow on the forest floor, but some are epiphytes, that grow on other trees for support. Many kinds of ferns are plentiful, and all like the warm, humid environment of the rainforest.

un **Helecho** frondoso en el suelo del bosque,

En todos los bosques hay helechos. Hay más de setecientas especies diferentes de helechos. El helecho arbóreo de Malasia, es uno de los más altos. Puede alcanzar hasta los cincuenta pies (15 metros) de altura. La mayoría de los helechos crece sobre el suelo del bosque pero algunos son epífitos, o sea, que crecen apoyados sobre otros árboles. Muchos tipos de helechos son abundantes y a todos'les gusta el ambiente cálido y húmedo del bosque lluvioso.

a feathery **Fern** on the forest floor,

a gentle giant **Gorilla** grinning in the green growth,

un gigantesco y manso **Gorila** haciendo muecas entre la vegetación,

Los gorilas son grandes, peludos y muy fuertes. Un gorila macho adulto puede crecer hasta alcanzar seis pies (2 metros) de altura y puede llegar a pesar 450 libras (205 kilos). Podría luchar contra seis hombres y tirarlos al suelo tranquilamente. A pesar de su apariencia tan feroz, los gorilas son verdaderamente mansos. Viven pacíficamente en el suelo del bosque lluvioso africano, en grupos familiares llamados manadas. Una manada de gorilas puede constar de cinco a treinta individuos. El jefe de cada manada es un macho adulto llamado "espalda plateada". Los gorilas necesitan vivir en bosques muy espesos para poder encontrar las inmensas cantidades de hojas, tallos y frutos que necesitan para sobrevivir. ¡Los gorilas adultos comen alrededor de cuarenta libras (18 kilogramos) de alimento cada día! Los gorilas pueden vivir hasta los 50 años, si pueden encontrar comida suficiente y si no los matan los cazadores.

Gorillas are big, hairy, and very strong. An adult male gorilla can grow to be six feet tall and may weigh 450 pounds. He could easily win a tug of war with six men. Even though they may look quite fierce, gorillas are really gentle. They live peacefully on the ground of the African rainforest in family groups called troops. A troop of gorillas may have five to thirty individuals. The head of each troop is an adult male called a silverback. Gorillas need to live in dense forests where they can find the huge amounts of leaves, stems, and fruits they need to survive. Adult gorillas eat about forty pounds of food each day! If they get enough food, and if they are not killed by hunters, gorillas can live to be fifty years old.

a hurried **Hummingbird** sipping nectar from a passion flower,

Over three hundred species of hummingbirds make their home in the Americas. However, they are most common in the rainforests of South America. They range from 2 inches to 8 1/2 inches long and come in a variety of brilliant colors. Hummingbird feathers shimmer and shine so beautifully that they seem to change colors. That is why many of them are named after jewels like rubies, sapphires, and emeralds. These tiny jewels fly amazingly fast—up to seventy-one miles per hour. Hummingbirds use their long beaks and tongues to sip nectar from flowers. The flowers of the rainforests need these speedy nectar sippers to pollinate them.

un apresurado **Colobrí** chupando el néctar de una pasionaria,

En las Américas, encuentran hogar más de trescientas especies de colibríes. Sin embargo, son más comunes en los bosques lluviosos de Sudamérica. Miden de 2 a 8 1/2 pulgadas (5 a 21 centímetros) y existen en una gran variedad de brillantes colores. Las plumas de los colibríes relucen y brillan tan bellamente, que parecería que cambiaran de color. Es por eso que en inglés muchos de ellos llevan el nombre de gemas, como rubíes, zafiros y esmeraldas. Estas pequeñas joyitas vuelan asombrosamente rápido - hasta setenta y un millas (119 kilómetros) por hora. Los colibríes utilizan su largo pico y su lengua para chupar el néctar de las flores. Las flores de los bosques lluviosos necesitan de estos veloces chupadores de néctar, para ser polinizadas.

una **Iguana** intrigante tomando sol sobre una rama,

La iguana es una lagartija grande. La iguana verde, el único tipo que vive en el bosque llluvioso, ¡crece hasta llegar a seis pies (2 metros) de largo! A pesar de hallarse completamente camufladas, las iguanas verdes son sumamente ágiles y rápidas. Les encanta dormir en los árboles que cuelgan sobre el agua. Las iguanas pueden tirarse desde los árboles a la tierra, desde una altura de cuarenta a cincuenta pies y también pueden lanzarse al agua para escaparse a nado de sus depredadores. Su dieta consiste generalmente en plantas pero de vez en cuando, la realzan con algún que otro insecto. Desgraciadamente las iguanas se hallan amenazadas, por su caza indiscriminada. En Panamá y Costa Rica se han iniciado proyectos de cría en cautiverio, con el propósito de salvarla.

The iguana is a large lizard. The green iguana, the only type that lives in the rainforests, grows up to six feet long! Besides being completely camouflaged, green iguanas are extremely agile and fast. They like to sleep in trees that overhang water. Iguanas can drop forty to fifty feet from a tree to the ground, and also will jump into water and swim away from predators. Their diet is generally made up of plant food, but they liven it up with an occasional insect or two. Unfortunately, iguanas are threatened by too much hunting. However, captive breeding projects have been started in Panama and Costa Rica to save the iguana.

an intriguing Iguana basking on a branch,

The jaguar is an enormous cat that may weigh well over two hundred pounds. It is at the top of the food web in American rainforests: It can kill and eat anything it finds, but nothing eats it. The jaguar finds anything from deer to alligators quite delicious. It hunts in the water and in the trees to find its favorite delicacies. Some jaguars are protected in safe reserves by a car manufacturer that is called Jaguar.

un gigantesco **Jaguar**, casi listo para saltar,

El jaguar es un enorme gato que puede superar las doscientas libras (91 kilos). Se encuentra al frente de la red alimenticia en los bosques lluviosos americanos: puede matar y comerse cualquier cosa que encuentre, pero nadie se come al jaguar. Para el jaguar todo es delicioso, desde los venados hasta los caimanes. Caza en el agua y en los árboles para encontrar sus manjares predilectos. Algunos jaguares viven protegidos en reservas seguras, gracias al fabricante de los automóviles llamados "Jaguar".

a jumbo **Jaguar** just about ready to jump,

a kingly **Kapok** tree that is home to many plants and animals,

una majestuosa **Ceiba**, hogar de muchas plantas y animales,

La ceiba se encuentra en bosques lluviosos africanos y americanos. Dado que este árbol puede alcanzar una altura de 150-200 pies (45-60 metros), necesita raices gigantescas para mantenerlo erguido. Mientras otros árboles florecen durante la época de sequía, las ceibas florecen solamente en la época de inundaciones. Las flores producen semillas parecidas al algodón, las cuales son esparcidas por el viento y eventualmente transportadas por el río. Los indígenas pegan la pelusa de la ceiba a la parte de atrás de los dardos para cerbatana. La ceiba también se usa para rellenar algunos chalecos salvavidas.

The kapok tree is found in African and American rainforests. Because this tree can grow to be 150–200 feet tall, giant buttress roots are necessary to hold it up. While other trees flower in the dry season, kapok trees flower only in the flood season. The flowers produce cotton-like seeds which are blown in the wind and eventually carried away by the river. Natives attach kapok fuzz to the rear of their blowgun darts. Kapok is also used as the stuffing in some life jackets.

a legion of **Leaf-Cutter Ants** marching along a liana,

Leaf-cutter ants are fantastic fungus farmers. First the leaf-cutter ants cut up the leaves with their scissor-like mandibles (or teeth). Next they carry the pieces back to their underground nest and chew them into pulp. After that they wait for the fungus to grow on the leaves and then they eat the fungus. This process can be compared to the way we grow mushrooms. The rainforest probably has more ants than any other kind of animal. One leaf-cutter ant colony can have over five million ants in it!

una legión de **Hormigas zompompas** marchando a lo largo de una liana,

Las zompompas son muy buenas cultivadoras de hongos. Primero, cortan las hojas con sus mandíbulas (o dientes) filosas como tijeras. Luego, llevan los pedacitos de hojas a sus nidos subterráneos y los mastican hasta convertirlos en pulpa. Después, esperan que los hongos crezcan sobre las hojas para luego comérselos. Este proceso se puede comparar con la manera en que cultivamos hongos. Probablemente, el bosque lluvioso tiene más hormigas que ningún otro tipo de animal. ¡Una colonia de hormigas zompompas puede tener más de cinco millones de hormigas!

dos majestuosas **Guacamayas militares** que por una vez, están sentadas muy calladas,

Las guacamayas son el tipo más grande de todos los loros. Las brillantes y coloridas guacamayas militares son sumamente ruidosas. Tienen alas largas y puntiagudas que les permiten volar con rapidez. Sus picos filosos y ganchudos les son muy útiles para comer nueces, frutas y semillas. Las guacamayas tienen patas que aprietan muy fuerte. Dos de sus dedos apuntan hacia adelante y dos apuntan hacia atrás. Pueden usar sus patas para agarrar la comida y llevársela a la boca. Las guacamayas se encuentran en Centro y Sudamérica. Sin embargo, al igual que otras especies raras de guacamayas, la guacamaya militar se ve obligada a retirarse a las pocas áreas vírgenes que quedan de bosques lluviosos, para evitar ser capturadas por los humanos.

Macaws are the largest of all parrots. The brightly colored military macaws are especially noisy. Macaws have long, pointed wings that enable them to fly swiftly. Their sharp, hooked bills are perfect for eating nuts, fruits, and seeds. Macaws have feet with a very strong grip. Two of their toes point forward and two point backward. They can use their foot to grasp food and bring it to their mouth. Macaws can be found in Central and South America. However, along with other rare kinds of macaws, the military macaw must retreat into shrinking pockets of undisturbed rainforest to escape capture by humans.

two majestic **Military Macaws**
sitting quietly for a change,

Native peoples have lived along the Amazon for over 12,500 years. African tribes have also existed in the rainforest for thousands of generations. The earliest natives were hunter-gatherers, but later some discovered farming and began to farm small plots of land. Because of their long history of living close to nature, natives are able to identify thousands of different plants and animals that even expert biologists find difficult to tell apart. They also recognize hazardous plants and animals, and they are expert hunters. Most native peoples travel in small family groups of twenty to one hundred. Natives live in harmony with their environment and depend on it for all of their needs.

un **Indígena** natural que necesita del bosque lluvioso para sobrevivir,

Los indígenas han vivido por más de 12.500 años a lo largo del Amazonas. También las tribus africanas existieron en el bosque lluvioso por miles de generaciones. Los indígenas más primitivos eran cazadores y colectores, pero luego algunos descubrieron la agricultura y comenzaron a cultivar pequeñas parcelas de terreno. Dada su larga historia de vivir en contacto con la naturaleza, los indígenas pueden identificar miles de clases diferentes de plantas y animales, cosa que a los biólogos más expertos les resulta muy difícil diferenciar. También reconocen plantas y animales peligrosos y son expertos cazadores. La mayoría de los indígenas se desplaza en pequeños grupos familiares de veinte a cien personas. Los indígenas conviven armoniosamente con su medio ambiente y dependen de él para todas sus necesidades.

a natural **Native** who needs the rainforest to survive,

an observant **Ocelot** listening to the night noises of the jungle,

un **Ocelote** oteando y escuchando los sonidos nocturnos de la selva,

El ocelote vive principalmente en el sotobosque de los bosques lluviosos de América del Sur. Es un experto trepador, se alimenta de pájaros pequeños, lagartijas y ratones. Las manchas de su piel le sirven de perfecto camuflaje en la veteada luz del sotobosque. La piel del ocelote también se usa para confeccionar hermosos abrigos. Desgraciadamente, el ocelote está en vías de desaparecer debido al abuso de los cazadores que ambicionan los bonitos abrigos.

The ocelot lives mostly in the understory of the South American rainforests. He is an expert climber, feeding on small birds, lizards, and mice. The pattern on his fur provides perfect camouflage in the dappled light of the understory. The ocelot's fur also makes beautiful coats for humans. Sadly, the ocelot is now very rare because he has been hunted too much for his lovely coat.

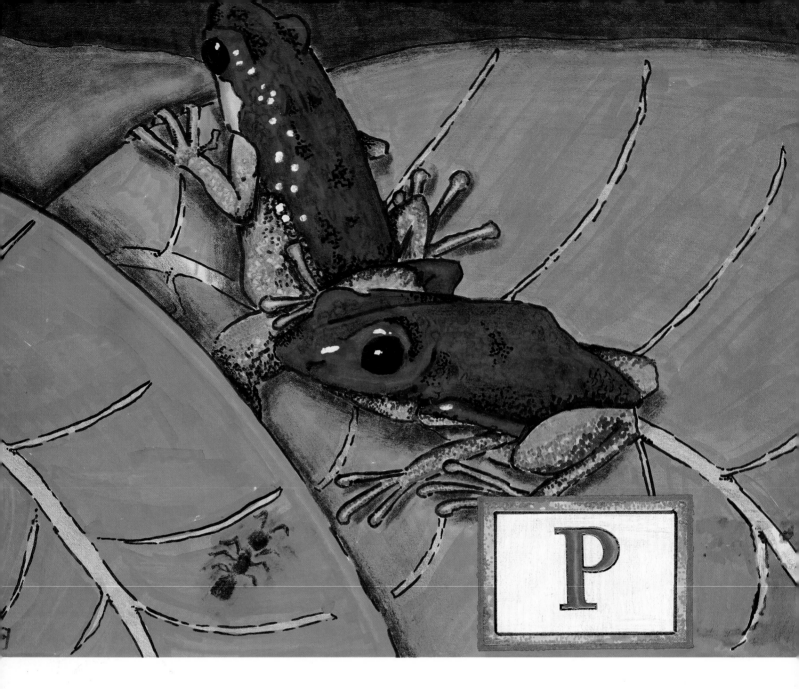

petite **Poison-Arrow Frogs** on a palm leaf,

The poison-arrow frog is very small and poisonous. Native hunters dip the points of their blowgun darts in the strong poison produced by this frog. No bigger than a man's thumbnail, the poison-arrow frog is found in South American rainforests. These tiny frogs lay their eggs on leaves. When the tadpole hatches, it is carried on the parents' back to a bromeliad where it grows to be a frog.

diminutas **ranas venenosas** en una hoja de palmera,

La rana venenosa es muy pequeña y muy venenosa. Los cazadores indígenas sumergen las puntas de los dardos de sus cerbatanas en el potente veneno producido por esta rana. La rana venenosa, tan grande como la uña del pulgar del hombre, se encuentra en los bosques lluviosos de América del Sur. Estas minúsculas ranas ponen sus huevos sobre las hojas. Cuando el renacuajo sale del cascarón, los padres lo llevan sobre sus espaldas hasta depositarlo sobre una bromelia, donde vive hasta convertirse en una rana.

Un resplandeciente y quieto **Quetzal**,
con una bellísima cola emplumada,

El resplandeciente quetzal de América Central es
verdaderamente asombroso. Los indígenas han utilizado
las plumas de color esmeralda de su cola, que miden tres
pies (un metro) de largo, para confeccionar adornos de
cabeza usados por los jefes de las tribus. El quetzal come
cuarenta y tres variedades diferentes de fruta. Esta ave
ha desarrollado de tal modo sus músculos pectorales,
que le permiten mecerse delante de las diferentes
variedades de plantas para comerse sus frutos. El
aguacatillo es uno de los frutos favoritos del pintoresco
quetzal. Quedan tan pocos de estos pájaros en el bosque
lluvioso, que se los considera en peligro de extinción.

The resplendent quetzal of Central America is truly
amazing. Natives have used its three-foot-long
emerald tail feathers for elaborate head dresses
worn by tribal chiefs. The quetzal eats forty-three
different species of fruit. It has adapted enormous
chest muscles that enable it to hover in front of
these different plants while eating their fruit. The
wild avocado is a favorite food of the colorful
quetzal. There are so few of these birds left in the
rainforest that they are considered an endangered
species.

a quiet Resplendent **Quetzal** with long, lovely tail feathers,

The inch-long red-eyed tree frog makes his home in the disappearing tropical rainforests of eastern Central America. His name comes from his bulging red eyes that help him see better in dim light. His brightly colored skin serves as a warning to predators that he might be poisonous. While many tree frogs cling to branches and leaves with suction-tipped toes, the red-eyed tree frog can also grip twigs as monkeys do.

una encantadora **Rana arbórea de ojos rojos**, con sus grandes ojos saltones,

La rana arbórea de ojos rojos, del tamaño de una pulgada (3 centímetros), vive en el bosque lluvioso de la parte oriental de Centroamérica, bosque a punto de desaparecer. Su nombre le viene a causa de sus ojos saltones y muy rojos que le permiten ver mejor con poca luz. Su piel brillante sirve de aviso a los depredadores de que puede ser venenosa. Así como muchas ranas arbóreas se adhieren a las ramas y a las hojas por medio de sus dedos con ventosas, la rana arbórea de ojos rojos también puede agarrarse de las ramitas, igual que los monos.

a ravishing **Red-eyed Tree Frog**
with big, bulgy eyes,

a slow **Sloth** suspended in a tree,

Un lento **Perezozo** colgando de un árbol,

Los perezozos son criaturas de movimientos increíblemente lentos, que se encuentran solamente en el dosel del bosque lluvioso de América del Sur. Hay dos tipos de perezosos: los que tienen tres dedos y los que sólo tienen dos. Los perezosos lucen de color verde-grisáceo porque, debido a que se mueven tan lentamente, les crecen algas sobre su piel, lo cual les sirve de camuflaje. Sus enormes garras ganchudas les ayudan a mantenerse colgando la mayoría del tiempo. La posición boca abajo, les permite darse banquetes con hojas y frutos colgantes. El perezozo hace de todo boca abajo, hasta dormir.

Sloths are fantastically slow-moving creatures found only in the rainforest canopies of South America. There are two kinds of sloths: those with three toes and those with only two. Sloths look grey-green in color because they move so slowly that tiny camouflaging algae grow all over their coats. Their enormous hooked claws and long arms make it possible for them to spend most of their time hanging from trees. The upside-down position of the sloth makes it convenient to feast on drooping leaves and fruits. The sloth does everything upside down. He even sleeps that way.

a terrific **Toucan** with a colorful beak,

The keel-billed toucan of South and Central America seems to be mostly beak! He uses his big bill to squash the many kinds of fruit he eats. Figs are his favorite snack. The bright colors of the bill of the toucan help to attract a mate. When he is sleeping, the toucan lays his big beak on his back and covers it with his wings and tail. The toucan is very important to the rainforest because he helps to distribute seeds from the fruits he eats.

un maravilloso **Tucán** con un pico de muchos colores,

¡El tucán piquiverde de Centro y Sudamérica parece mayormente un pico! Usa su gran pico para machacar la gran variedad de fruta que come. Los higos son su bocado favorito. Los colores brillantes del pico del tucán le ayudan a atraer su pareja. Cuando está durmiendo, el tucán pone su pico sobre su espalda y lo cubre con sus alas y cola. El tucán es muy importante para el bosque lluvioso porque ayuda en la distribución de las semillas de las frutas que come.

una **Mariposa urania** rarísima, de dibujos ondulantes,

A pesar de que se pueden encontrar mariposas en casi todas partes, los bosques lluviosos albergan más clases de mariposas que ninguna otra parte del mundo. ¡En los bosques lluviosos de Centro y Sudamérica, existen más de diez mil especies! Las mariposas abundan en el bosque lluvioso debido al clima cálido y húmedo, lugar ideal para el crecimiento de las plantas con flores, y las flores siempre atraen a las mariposas. Las mariposas de maravillosos colores se alimentan con el néctar de las flores y las polinizan al mismo tiempo. La mariposa urania es un maravilloso ejemplo de los complicadísimos diseños que tienen estos insectos en sus alas. Los colores brillantes pueden ayudar a atraer una pareja y a la vez le sirven de camuflaje para ayudarla a desaparecer en el fondo del bosque.

Although butterflies are found almost everywhere, tropical rainforests have more kinds of butterflies than any other part of the world. In the rainforests of South America and Central America there are over ten thousand species! Butterflies are abundant in the rainforest because the warm, damp climate is the perfect place for flowering plants to grow, and flowers always attract butterflies. The beautifully colored butterflies feed on the nectar and help to pollinate the flowers they eat from at the same time. The urania butterfly is one lovely example of the many intricate patterns that butterflies have on their wings. The bright colors may help the butterfly to attract a mate, and they also may be a form of camouflage that helps him vanish into the forest backgrounds.

an unusual **Urania Butterfly** with an undulating pattern,

Orchids are found all over the rainforest world. There are as many as one thousand different kinds of orchids in Costa Rica alone. Besides growing on the ground, many orchids live in trees. Like the bromeliad and some ferns, orchids use the trees they live in to be closer to light, but gain their food from rainwater and debris that washes down the bark. These kinds of plants are called epiphytes. One of the most interesting orchids is the vanilla orchid, the only type that is a vine. From the fruit of this extraordinary plant the world obtains vanilla. It is the flavor used to make vanilla ice cream and other good things to eat.

una vibrante **Orquídea de vainilla** con fruta muy sabrosa,

Las orquídeas se encuentran por todas partes en el bosque lluvioso. Solamente en Costa Rica, hay unas mil clases diferentes de orquídeas. Además de crecer en el suelo, muchas orquídeas viven en los árboles. Al igual que las bromelias y algunos helechos, las orquídeas utilizan los árboles donde viven para acercarse a la luz, pero extraen su alimento del agua de lluvia y del deshecho que baja por la corteza. Este tipo de plantas se llaman epífitas. Una de las orquídeas más interesantes es la orquídea de vainilla, el único tipo que es una enredadera. El mundo obtiene del fruto de esta extraordinaria planta, la preciada vainilla. Es el saborizante que se usa para muchas comidas deliciosas, entre ellas, el helado de vainilla y el flan.

a vibrant Vanilla Orchid with very flavorful fruit,

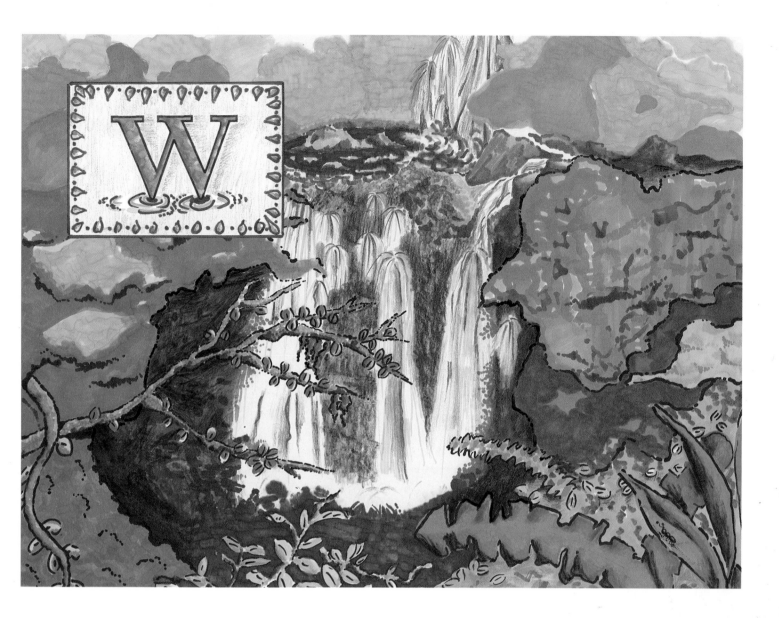

and wonderfully wet **Water** washing over the rocks!

¡y maravillosa **Agua** mojada cayendo sobre las piedras!

En el bosque lluvioso, hay agua por todas partes. Los ríos y los arroyos se entrecruzan como las carreteras en un mapa de caminos. Hay tanta agua en el aire que uno se siente como recién salido de un baño de vapor. Cada año llueve de cien a cuatrocientas pulgadas (doscientos cincuenta a mil centímetros) y es por eso que le llamamos bosque lluvioso. En la época lluviosa, algunos de los ríos y lagos se inundan y llegan hasta las copas de los árboles. Cada uno de los animales de todos los bosques lluviosos necesita agua para sobrevivir. Allí viven las ranas, allí cazan los jaguares, los osos hormigueros la toman y los indígenas nadan. El bosque lluvioso no podría sobrevivir sin agua.

Water is everywhere in the rainforest. Rivers and streams criss-cross like highways on a road map. There is so much water in the air that it feels the same as when you've just come out of a steamy hot shower. It rains one hundred to four hundred inches every year there, and that is why we call it a rainforest. In the rainy season, some of the rivers and lakes flood all the way to the tree tops. Each of the animals in all of the rainforests needs water to survive. Frogs live in it, jaguars hunt in it, anteaters drink it, and native peoples swim in it. The rainforest could not live without water.

XYZ, se puede ver con claridad, que el bosque lluvioso está lleno de **biodiversidad**.

ACERCA DE LA AUTORA

Kristin Joy Pratt vive con su familia cerca de St. Louis, Missouri. Durante su primer año en la escuela secundaria, decidió escribir e ilustrar un libro para niños, cumpliendo con un requisito para un proyecto de estudio independiente. Su inspiración para escribir acerca del bosque lluvioso surgió a causa de un estudio de la tala global, asociado a otros asuntos relacionados con el medio ambiente. Al igual que muchos de sus maestros y compañeros de clase, Kristin está muy preocupada por el estado en que se encuentra el medio ambiente en la actualidad, y ve la necesidad de que la gente trabaje en conjunto para obtener soluciones constructivas.

Desde muy niña, Kristin se interesó por el arte y la literatura. Cuando cumplió ocho años comenzó a tomar clases de arte después de clase. Kristin finalizó las ilustraciones para *Un paseo por el bosque lluvioso* cuando tenía quince años.

Kristin planea seguir estudiando, y buscar otros modos de apoyar asuntos ambientales a través de su amor al arte.

AGRADECIMIENTOS

Agradezco especialmente a los siguientes amigos quienes me animaron y apoyaron cuando trabajaba en este libro:Rachel Crandell, Laura Fisher, Marcia Martin, Judith Morse, Ted Munnecke, Kim Overton, Kathy Pratt, Katie Pratt, Ken Pratt, Kevin Pratt, Bob Rieder, Jane Rieder, Jackie Ritchie y Peter Shields.

Un agradecimiento muy especial al Jardín Botánico de Missouri por proveer el ambiente auténtico de un bosque lluvioso para la fotografia de la autora.

— Kristin Joy Pratt